Trading con medias

Es posible ganar dinero sólo usando medias

Oliver Nuñez Velasco

ISBN-13: 978-1505691306

ISBN-10: 1505691303

A Piedad.

Introducción

El mundo de la bolsa es complicado y complejo pero en ocasiones es posible ganar dinero utilizando pocas herramientas.

En este trabajo se muestra después de una breve explicación teórica, el caso de una operativa real realizada por mi y haciendo uso únicamente de la media de 200 sesiones.

Se explica paso a paso cada una de las operaciones realizadas, razonándolas y representándolas de forma gráfica.

Medias móviles y su aplicación

Una media móvil, es una media sobre un conjunto de valores (precios, volúmenes, ...) que se calcula sobre un número concreto de n días que marcan el periodo.

Los períodos que se suelen utilizar dependen de cada trader, pero los utilizados normalmente son:

- Medias móviles a corto plazo: se calculan para períodos que van entre 5 y 20 días.
- Medias móviles a medio plazo: se calculan para períodos que van entre 20 y 70 días.
- Medias móviles a largo plazo: se calculan para períodos que van entre 70 y 200 días.

Cuanto más corta es la media (es decir, menor número de sesiones utilizadas para calcularla), más se aproxima a la evolución de los precios y cuanto más larga, más alejada estará de los precios.

Utilizar una media de corto plazo (3-10 días), presenta la ventaja de que el precio es seguido muy de cerca por la media y, por lo tanto, esto generará muchos cruces. Esto puede generar continuamente señales de compra/venta muchas de las cuales serán señales falsas.

Por tanto la media larga permite recopilar más información y es más fiable, pero más tarda en reflejar los cambios de tendencia, pudiendo suceder que cuando recoja dicho cambio ya sea tarde para tomar decisiones.

Desde el punto de vista operativo las medias nos sirven para:

- Indicar señales de compra/venta. Cuando el precio corta de arriba abajo a una media se genera una señal de venta y si es de abajo arriba, se genera una señal de compra. Hay que tener muy en cuenta que no todos los cruces ya sean ascendentes o descendentes de la media sobre los precios representan señales verdaderas. Siempre es necesario una confirmación ya que las medias actuan como indicadores retrasados.

  Para evitar señales falsas hay operadores que esperan a que la media tenga la misma dirección que el cruce del precio para confirmar la señal.

Otra manera de evitar señales falsas es utilizar lo que se denomina filtro de señal que consiste en que el precio cruce la media en un determinado porcentaje para dar validez a la señal o bien que el cruce del precio sobre la media se produzca en toda la gama de precios del día.

Otro filtro es el del tiempo que consiste en esperar de dos a tres días para dar validez a la señal.

- Cambio de tendencia. Cuando la cotización corta una media móvil es un aviso de cambio de tendencia. Si la cotización va por encima de la media y la corta hacia abajo es indicio del inicio de una tendencia bajista (señal de venta). Si la cotización va por debajo de la media y la corta hacia arriba es indicio del inicio de una tendencia alcista (señal de compra).

El corte debe ser significativo, la cotización debe rebasar hacia arriba o hacia abajo a la media móvil en al menos un 5%.

- Sirven como soportes y resistencias. Una media móvil actuará como una resistencia y soporte cuando los precios lleguen a sus inmediaciones.

Las medias de longitud grande (Lentas) actuarán como resistencias/soportes fuertes. Se puede establecer la siguiente clasificación de las medias como fortaleza en cuanto a su comportamiento como resistencia y soporte:

A. Media móvil de 200 sesiones = Resistencia/Soporte muy fuerte. Esta media es muy lenta y suele estar alejada de los precios por lo que al acercarse, ejercerá mucha fuerza sujetando (si los precios bajan) o frenando (si los precios suben) la cotización. La pérdida o superación de esta media se utiliza para tomar decisiones.

B. Media móvil de 50 sesiones = Resistencia/Soporte moderada-fuerte. Esta media sigue al mercado a menos distancia, sobretodo si la tendencia está bien definida. Los puntos de apoyo sobre esta media serán más frecuentes que los de la otra media, pero mucho menos frecuente que los de la media de 20 sesiones. La pérdida o superación de esta media es un argumento bastante importante para tomar decisiones.

C. Media móvil de 20 sesiones = Resistencia/Soporte débil-moderada. Esta media va pegada a los precios. Si la tendencia del mercado está clara esta media es muy útil para vigilar las posiciones. La pérdida o superación de la misma no tiene mucha importancia.

En las tendencias alcistas las resistencias se debilitan y los soportes se fortalecen. En las tendencias bajistas las resistencias se fortalecen y los soportes se debilitan.

Hay que tener en cuenta que las medias son indicadores de confirmación ya que no anticipan y son una homogeneización de los precios lo que permite tener una visión más clara de la dirección de los precios.

Los inconvenientes de las medias son:

- Sólo tiene en cuenta un periodo determinado de las cotizaciones y no tiene en cuenta todas las cotizaciones anteriores.
- Se asigna la misma importancia a todas las cotizaciones del periodo.

Después de esta breve introducción teórica importantísima y necesaria para operar, vamos a ver cómo es posible ganar dinero operando con una sóla media.

En primer lugar tenemos que seleccionar el valor sobre el que queramos operar y trazamos la media que usaremos para operar. En nuestro caso trazamos la media de 200 sesiones.

Nuestro primer objetivo es buscar señales de entrada verdaderas. Gráficamente lo primero que podemos observar es:

- Existe una tendencia bajista principal.
- La media de 200 sesiones se mueve por encima de los precios actuando como resistencia.
- Los precios están muy alejados de la media.
- En la parte derecha vemos que los precios comienzan a lateralizar y se recuperan marcando el posible inicio de una tendencia alcista.
- Los precios cruzan al alza la media de 200 sesiones. Se nos genera una posible señal de compra.

En este momento nuestro trading, sin más información, tiene que basarse en un posible inicio de tendencia alcista y en un señal de compra generada por el cruce de la media y los precios.

Ahora lo que tenemos que decidir es si entramos en el mercado.

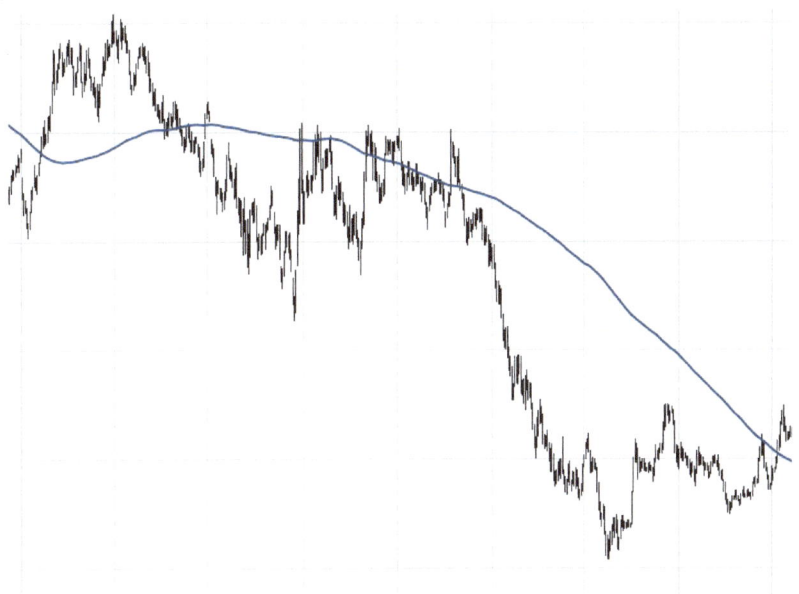

Lo que necesitamos es confirmar nuestra entrada o bien evitar una señal falsa.

Podemos esperar a ver la tendencia que toma la media y ver si continua con la tendencia de los precios. Esto puedo llevarnos a una decisión de operativa lenta que nos lleve a perder oportunidades de entrada.

Otra opción es esperar a que la media y los precios se separen un cierto valor (por ejemplo un 3 %) o comprobar que la nueva situación se mantiene durante varias sesiones posteriores (2 ó 3).

Si hacemos zoom sobre la zona que estamos analizando lo que veríamos sería:

La vela que corta la media hacia arriba es alcista que cierra por encima de la línea de la media.

La vela siguiente es bajista que abre con gap alcista pero que cierra igual que el cierre anterior.

Podemos pensar en continuidad alcista la cual se confirma con la vela alcista de la sesión posterior. Se dan señales evidentes de posible entrada.

Sin embargo se trata de una señal falsa de entrada por dos motivos:

1. La media no parece seguir la nueva tendencia de los precios y continúa con su tendencia bajista. Esto para mí es señal de precaución.

2. El indicador RSI está en zona de sobrecompra (señal de venta).

Por estas dos razones no he decidido entrar en el mercado. Veamos si me he equivocado según la evolución de los precios en las sesiones posteriores.

Vemos que los precios se dan la vuelta dando fin a la tendencia alcista secundaria y continuando con la tendencia bajista principal. La línea de media ha mantenido en todo momento la tendencia bajista.

La última vela que se nos forma es una vela bajista cuya sombra inferior parece chequear la línea de media que actúa ahora como soporte y los precios cierran por encima de la media. Nos encontramos con otra señal a analizar.

La vela que nos podría confirmar el rebote de los precios sobre la media lo que hace es confirmarnos la continuidad de la tendencia bajista y que el rebote es una señal falsa. Veamos la vela siguiente:

Queda confirmado el falso rebote y la continuidad bajista. Hasta ahora solamente con el uso de la media y la evolución de los precios hemos sido capaces de detectar dos señales falsas.

Vamos a buscar la siguiente señal para lo cual debemos avanzar varias sesiones. Nos encontramos con otro intento de cruce ascendente de los precios sobre la media y por tanto con otra posible señal de entrada.

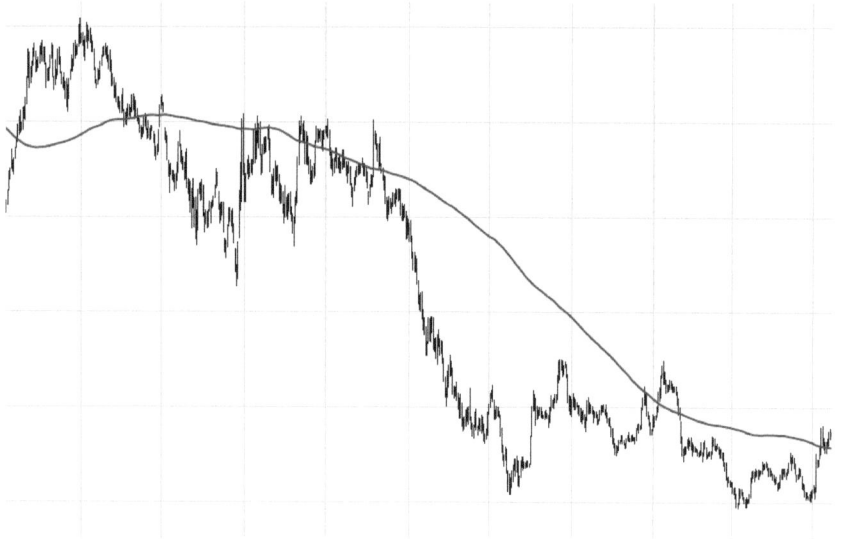

Para poder trabajar con más claridad vamos a hacer zoom en dicha zona. Las informaciones con las que podemos trabajar a simple vista son:

- Inicio de una tendencia alcista en la velas precedentes.

- Media de 200 sesiones plana lo cual nos hace pensar en indecisión y en debilitamiento de la tendencia bajista previa.

- Cierre de vela alcista sobre la media y apertura de la vela siguiente en el mismo nivel de precios y cierre de la misma muy por encima de la media. La diferencia entre el precio de cierre y el valor de la media es de un 6 %.

- Inicio de la nueva tendencia alcista en zona de soporte histórico. Para ello analizamos el gráfico de precios desde meses o años anteriores al período en el que estamos operando para encontrar zonas en las que los precios rebotan al alza.

- Debilitamiento de la tendencia bajista con una lateralización de precios.

- RSI en zona de sobrecompra en la vela que marca la ruptura de la media.

- RSI en zona de sobrecompra y MACD indicando señal de compra en zona de inicio de la tendencia alcista.

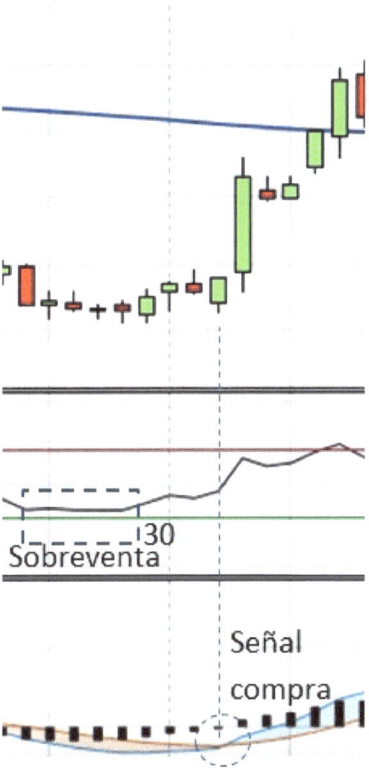

Con todas estas informaciones lo que tenemos que hacer como trader es tomar decisiones.

En mi caso la decisión sería entrar al mercado, pero siempre debemos de buscar la confirmación. Para ello lo que debemos hacer es analizar la información que nos puedan dar las velas siguientes.

Tenemos una vela bajista que retrocede todo lo avanzado en la sesión anterior y que cierra por encima de la media que actúa ahora como soporte.

Esta vela genera indecisión y no confirma la señal de entrada. Esperamos entonces a la siguiente vela.

Esta vela nos mantiene la indecisión aunque por otro lado podemos ver como la media de 200 sesiones aguanta como soporte. Todavía no se nos ha formado la señal de confirmación por lo que debemos esperar a ver la evolución del mercado. Avanzamos varias sesiones. Lo que podemos ver en que en varias ocasiones la media ha sido chequeada y los precios se mueven en torno a ella hasta que se nos forma una vela alcista que cierra en niveles de precios similares a los de la vela alcista que rompía al alza la línea de media de 200 sesiones. Se nos genera otra señal de posible entrada. Es como si el mercado volviese a la misma situación de dicha vela.

En mi operativa hasta este instante me mantengo fuera del mercado. Necesito encontrar la confirmación. Para ello vamos a analizar la vela de la sesión siguiente. Se trata de una vela bajista que abre igual que el cierre anterior y cierra por debajo pero por encima del punto medio del cuerpo de la vela alcista anterior. Esto me hace pensar en continuidad alcista.

El indicador RSI se encuentra en zona de sobrecompra mientras que el MACD está por encima de cero y marcando tendencia alcista en ambas líneas.

Al final tenemos que tomar una decisión. Eso es lo que hace continuamente todo trader. En mi caso espere a encontrar una confirmación de la tendencia alcista y compré en la última vela del siguiente gráfico ya que el cierre se encuentra a 10,05 % de la media de 200 sesiones y el trazado de dicha media es prácticamente horizontal.

Una vez entrado hay que definir a la vez el stop. En la mayoría de mis operaciones trabajo en primer lugar con un stop límite y en función de la evolución de los precios, lo suelo cambiar a stop móvil cuando logro alcanzar el objetivo.

La orden stop límite en este caso la puse a un precio un 2,5 % y con un límite un 3 % por debajo de la media de 200 sesiones. Comparándolo con el precio de entrada que ha sido un 2 % por debajo del precio de cierre, estamos hablando 11,05 % la diferencia entre el precio actual de cotización (precio de cierre) y precio de la orden de venta "stop límite".

Resumiendo: estoy admitiendo que en caso de bajada de los precios hasta que salte la orden, una pérdida del 11,05 % de la inversión. Esto es lo que se llama gestión del riesgo. Gráficamente lo que tenemos es:

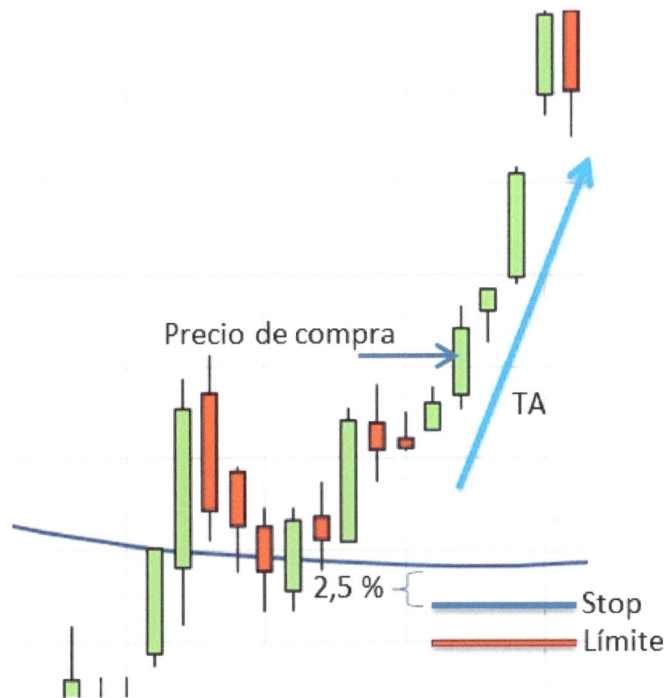

Cada uno debe ponerse su propio objetivo de plusvalías y de minusvalías. Para mi un 10 % de plusvalías en una operación de medio plazo es suficiente.

En el gráfico de precios trazamos una línea horizontal a un 10 % del precio de compra, la cual nos va a indicar la vela en la que alcanzamos el objetivo.

Vemos que una vez alcanzado el objetivo los precios continuan subiendo.

Una vez alcanzado el objetivo de plusvalías cambiamos la orden de stop límite a stop móvil, poniendo como precio de la orden un 2 % por debajo de la línea que marca el objetivo.

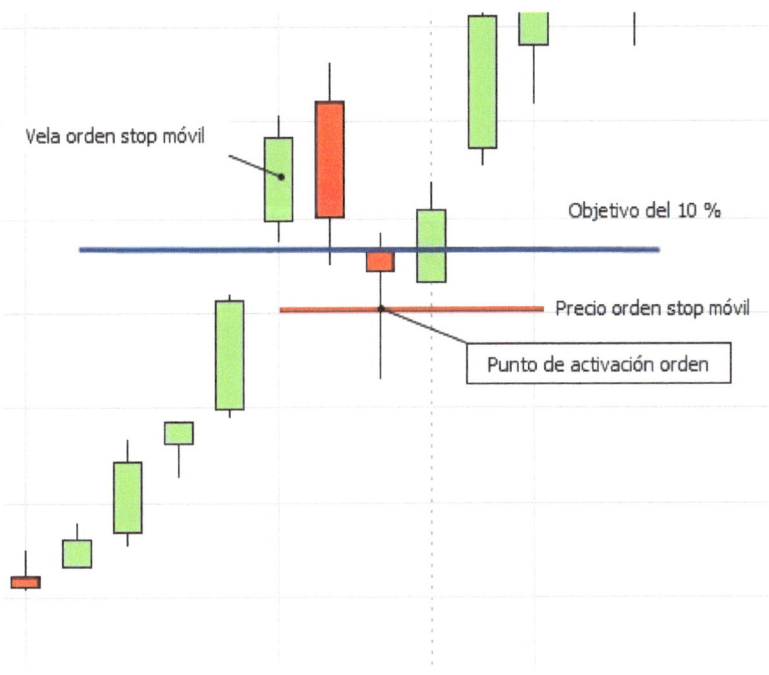

La orden se nos activa en la vela indicada en el gráfico anterior (dos sesiones posteriores a la introducción de la orden de stop móvil). El beneficio obtenido ha sido del 9,48 %.

Se trata de un beneficio obtenido en una semana, lo cual se puede considerar como una buena operación ya que está muy cerca del objetivo planteado del 10 %.

Sin embargo para ser sincero, he cometido el error de cambiar la orden de stop límite a stop móvil o bien haber aproximado muy cerca de la línea de objetivo del 10 % las condiciones de la orden de stop móvil. Una simple corrección de la tendencia alcista (marcada por las dos velas bajistas) me ha expulsado del mercado.

Si estamos operando con la media de 200 sesiones, debemos tenerla en cuenta. Ese ha sido otro error por que los precios están muy alejados de mi línea de media que actúa como soporte y por tanto debería haber puesto mi stop más cerca de la media.

Lo que ocurrió es que me cegó la mente haber conseguido el objetivo en sólo cinco sesiones.

A la hora de operar hay que tener templanza y utilizar la información.

Como no he visto debilidad en la tendencia busco otra señal de entrada próxima. Lo que veo es un gap alcista en las velas siguientes. Como los precios están muy alejados de la media de 200 sesiones y la tendencia es alcista, entro en el mercado.

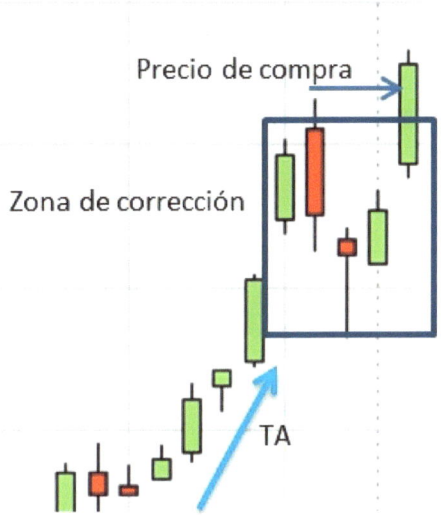

Nos estamos moviendo en un mercado sobrecomprado como así nos indica el RSI que se mantiene por encima de 70 pero con una tendencia fuertemente alcista por lo que tenemos que estar alerta de posibles puntos de debilidad que representen un cambio de tendencia.

La orden de stop límite está colocada un 7 % por debajo del precio de compra y que salte a 6,75 %.

Coloco la orden a un 7 % para proteger el beneficio obtenido con mi primera operativa.

Para no hacerlo muy tedioso vamos a ver cómo han ido evolucionando los precios en las sesiones posteriores y cómo he ido operando.

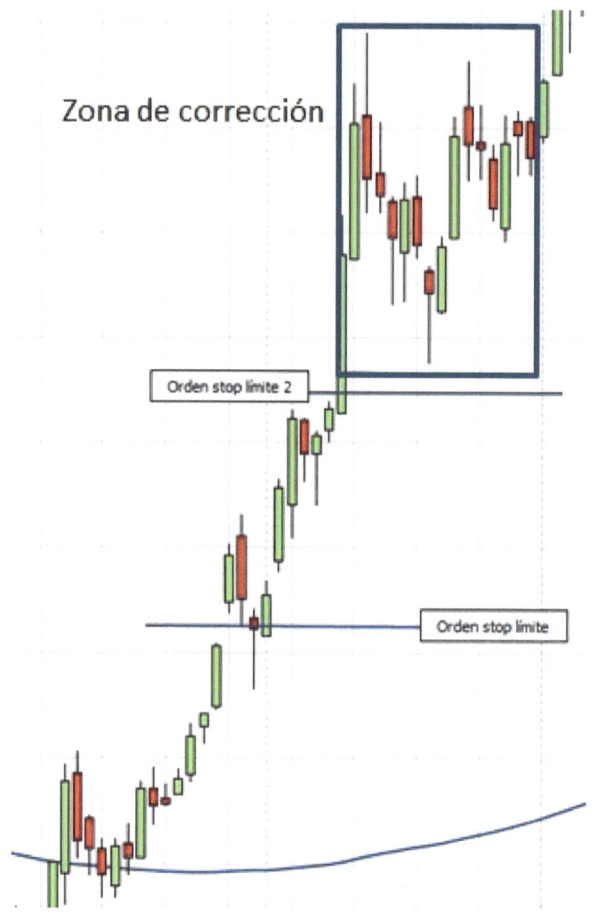

Zona de corrección

Orden stop límite 2

Orden stop límite

Como se puede apreciar en el gráfico anterior los precios continuan con la tendencia alcista por lo que voy moviendo mi orden de stop límite en dirección de los precios. Genero de esa manera la orden de stop límite 2.

Además aparece una zona de corrección en donde los precios retroceden pero sin que llegue a saltar nuestra orden de stop.

Los precios mantienen en las sesiones siguientes la tendencia alcista por lo que voy moviendo mi stop límite en dirección de los precios, los cuales además se encuentran muy alejados de la media de 200 sesiones.

Así se generan las órdenes SL 3, 4 y 5. Nos vuelve a aparecer otra zona de corrección (rectángulo sombreado) donde los precios se recuperan y en la vela alcista (situada en la vertical del inicio de la línea horizontal SL 5) es donde introducimos nuestra siguiente orden de stop límite.

Haste este momento no apreciamos signos de debilidad de la tendencia alcista ya que los mínimos marcados por los precios son cada vez más altos.

Podríamos hablar de una cierta desaceleración pero los precios todavía se encuentran muy alejados de la media de 200 sesiones.

Los precios parece que están llegando a niveles máximos que puedan informarnos de final de tendencia, como se puede apreciar en las zonas resaltadas por los rectángulos.

Pero de reprente aparece una vela alcista que abre con un enorme gap alcista (rectángulo sin sombrear). En ese momento podríamos modificar nuestra orden de stop al alza. Sin embargo la siguiente vela es bajista cerrando parte del gap. La teoría dice que los gap suelen cerrarse. Por tanto podríamos colocar nuestra nueva orden de stop límite considerando

el precio de cierre de la vela alcista del gap.

Nuestra nueva orden quedaría de la siguiente manera:

Podemos observar cómo los precios después de la vela bajista del gap inician un cambio de tendencia llegando a cerrar el gap y llegando incluso a cerrar el avance de la vela alcista del gap.

La orden stop límite nos salta con la sombra inferior de la vela alcista como se puede apreciar en el gráfico anterior.

En esta operación hemos conseguido obtener un beneficio de 31,73 % en aproximadamente 80 sesiones.

Nosotros estamos operando con medias y queremos que la señal de salida nos la dé la línea de la media de 200 sesiones.

Por tanto como la media todavía está muy alejada de los precios de cotización entramos de nuevo en el mercado.

Una vez entrado en el mercado se introduce la orden de stop límite (línea horizontal de color negro) a una distancia de 7 % con relación al precio de compra. En función de como han ido evolucionando los precios se han ido introduciendo sucesivas órdenes de stop límite, como si se tratase de una orden stop móvil, pero que vamos introduciendo en función de las circunstancias.

Las líneas de color azul representan las órdenes de stop límite que se colocaron según iban subiendo los precios y las rojas las que se colocaron según los precios iban bajando. La vela situada en la vertical del inicio de cada línea horizontal representa la vela en la que se introdujo la orden y siempre con un rango del 7 % con respecto al precio de cierre.

Según los precios subían modificamos al alza las condiciones de las órdenes de stop límite. Los precios llegan a un punto donde se debilitan e inician una tendencia bajista.

Podría haber dejado que la última orden stop límite cuando los precios eran alcistas (última línea horizontal azul) saltase y obtener las plusvalías correspondientes.

Pero estoy operando con la media de 200 sesiones y busco que sea ella la que me dé la señal de salida. Por eso introduzco órdenes stop límite cada vez más bajas a medida que bajan los precios.

Ninguna de las órdenes salta mientras los precios son cada vez más bajos. Lo que estamos logrando es perder todas las plusvalías que habíamos obtenido desde la última entrada. Los precios retroceden hasta niveles de precios de la última entrada con lo que en ese momento las plusvalías serían de 0,00 €.

Sin embargo los precios no llegan hasta el stop representado por la línea negra por que se encuentran antes con la media de 200 sesiones.

Nos encontramos en una zona donde la media es la que nos tiene que ayudar a tomar decisiones. Lo que ocurre es que los precios rebotan en la media, la cual mantiene entonces su función como soporte.

Después del rebote los precios aumentan y se alejan del stop. También la media se nos aleja del stop. Seguimos entonces dentro del mercado desde la última compra.

Veamos lo que ocurre con los precios en las sesiones siguientes:

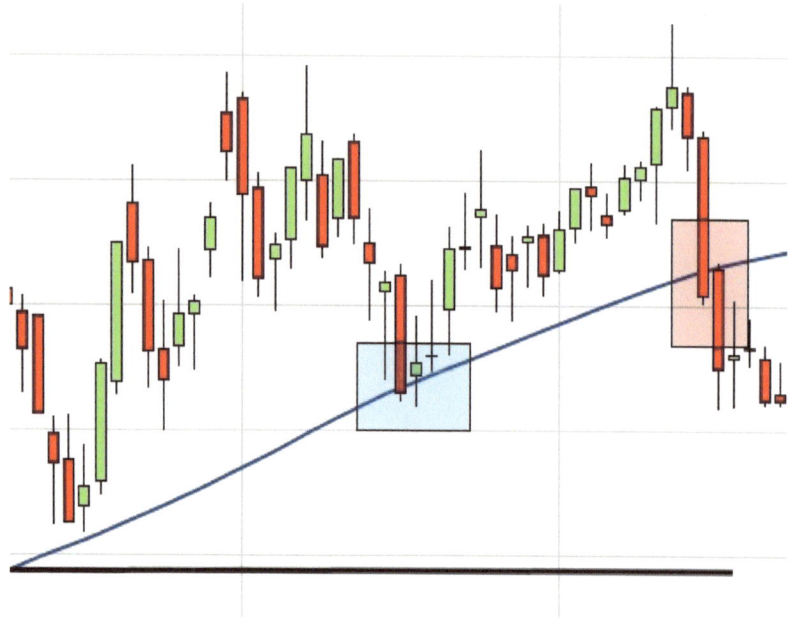

Los precios vuelven a chequear la media de 200 sesiones y esta aguanta como soporte (rectángulo de color azul).

En el rectángulo de color rojo los precios atacan a la media y en esta ocasión la perforan a la baja con una vela bajista de cuerpo muy alargado con relación a las velas precedentes. Se nos genera una señal de venta.

La vela siguiente abre con gap alcista (indica probabilidad de recuperación) en la media de 200 sesiones, pero cierra muy por debajo de la misma con lo que obtenemos la confirmación de la señal de venta.

A pesar de que mi stop límite está muy por debajo, salgo del mercado en la siguiente vela que es una especie de Doji (por definición es indecisión).

Las plusvalías obtenidas en mi última operativa son del 0,45 %.

Después del último máximo los precios inician una tendencia bajista y después entran en una zona de lateralización o corrección que puede romper alalza o bien continuar con la tendencia bajista.

El hecho de que los precios rompan a la baja la media de 200 sesiones me hace pensar en continuidad bajista y por tanto en el momento de romperse la media decido salir del mercado.

A continuación se muestra lo que han hecho los precios en las sesiones siguientes.

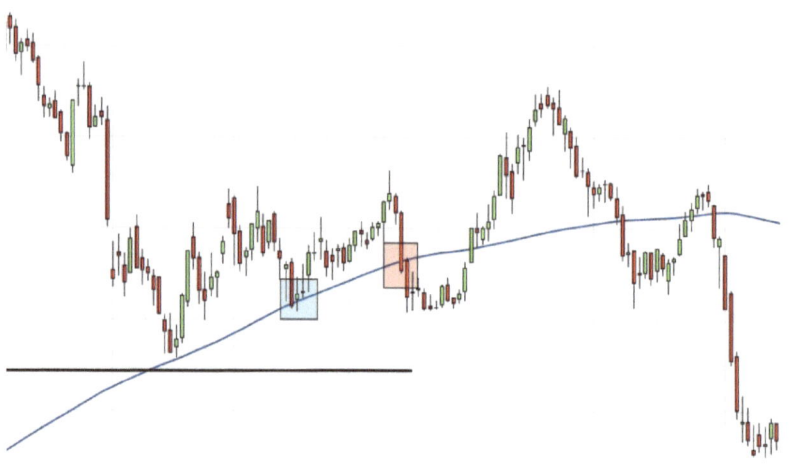

Lo que he mostrado a lo largo de todas estas páginas es una operativa real hecha únicamente y razonada con el uso de la media de 200 sesiones.

Mi intención ha sido relatarla según yo la fui razonando y operando en su día, demostrando que se obtuvieron plusvalías.

Haciendo un resumen rápido lo que podemos indicar es que se han hecho un total de 3 operaciones con un beneficio total de 41,66 %.

El gráfico siguiente muestra con los rectángulos sombreados el primer punto de entrada y el último punto de salida. Nos permite ver de forma global cómo la media de 200 sesiones es la que nos ha dado las señales de entrada y salida.

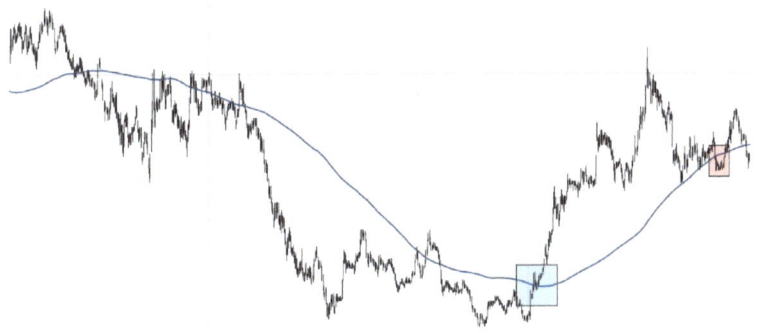

Otros libros escritos por Oliver Nuñez Velasco a la venta en www.amazon.com.

- Fundamentals of trading.

- Análisis Técnico y las ondas de Elliot.

- Velas japonesas. Teoría y práctica.

- Ejercicios de velas japonesas sobre casos reales. Practicar antes de operar. Tomo I.

- Ejercicios de velas japonesas sobre casos reales. Practicar antes de operar. Tomo II.

- Fundamentos de trading. Lo que necesitamos saber antes de operar.

- Análisis Técnico con ejercicios reales. Como aprender a invertir en bolsa y no morir en el intento.

- Iluminan el camino. Interpretación y psicología de las velas japonesas.

- Renew. ¿Estás entre los elegidos?.

- Manual de trading para ganar dinero. Aprender a ganar.

www.ingramcontent.com/pod-product-compliance
Lightning Source LLC
Chambersburg PA
CBHW040928180526
45159CB00002BA/649